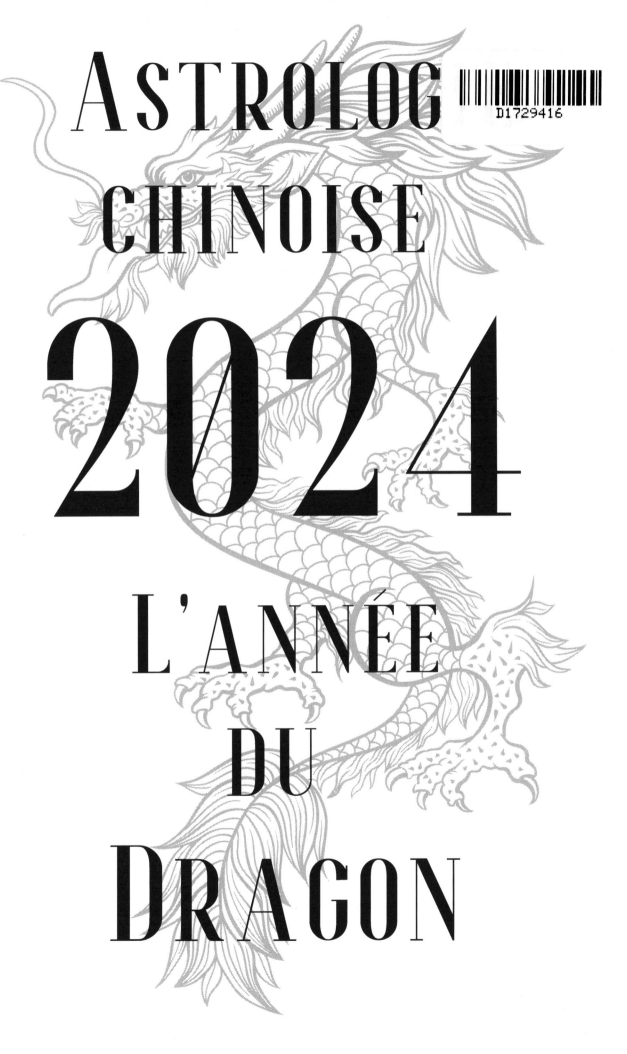

# ASTROLOG CHINOISE 2024

## L'ANNÉE DU DRAGON

# 2024

## 10 FÉVRIER 2024
## 28 FÉVRIER 2025

# DRAGON DE BOIS

# L'ÉLÉMENT BOIS :

Le bois est un élément de croissance. Il est associé au printemps quand toute la nature renaît, et à la couleur verte des plantes. Il est connecté à l'Est, là où le soleil se lève. S'il était un organe humain, il serait le foie, celui qui permet de nettoyer le sang et de soigner le corps humain. Ses substances préférées sont les saveurs acidulées que le foie apprécie tout particulièrement. Sa planète est Jupiter, la plus grosse planète du système solaire.

# Le **yin** et le yang

Le Yin et le Yang c'est une énergie qui s'oppose et se complète à la fois. L'une a besoin de l'autre et inversement pour fonctionner. Elles sont complémentaires et expriment les deux extrêmes d'un tout dans un mouvement perpétuel. Le cercle dans lequel sont représentées ces deux énergies correspond au « tout », c'est donc tout l'univers connu et inconnu. La forme en « s » du noir et du blanc représente le mouvement perpétuel et l'interaction de ces deux forces l'une dans l'autre par le point de couleur inversé pour nous rappeler que rien n'est tout noir ou tout blanc.

La couleur noire est **le Yin** : il est représenté par le féminin, la lune, l'obscurité, le froid, la nuit, le fantasme, la faiblesse, l'immobilité, les rivières.

La couleur blanche est le Yang : lui symbolise, le masculin, le soleil, la lumière, le chaud, le jour, la réalité, la force, le mouvement, les montagnes.

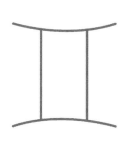

# Le Dragon est :

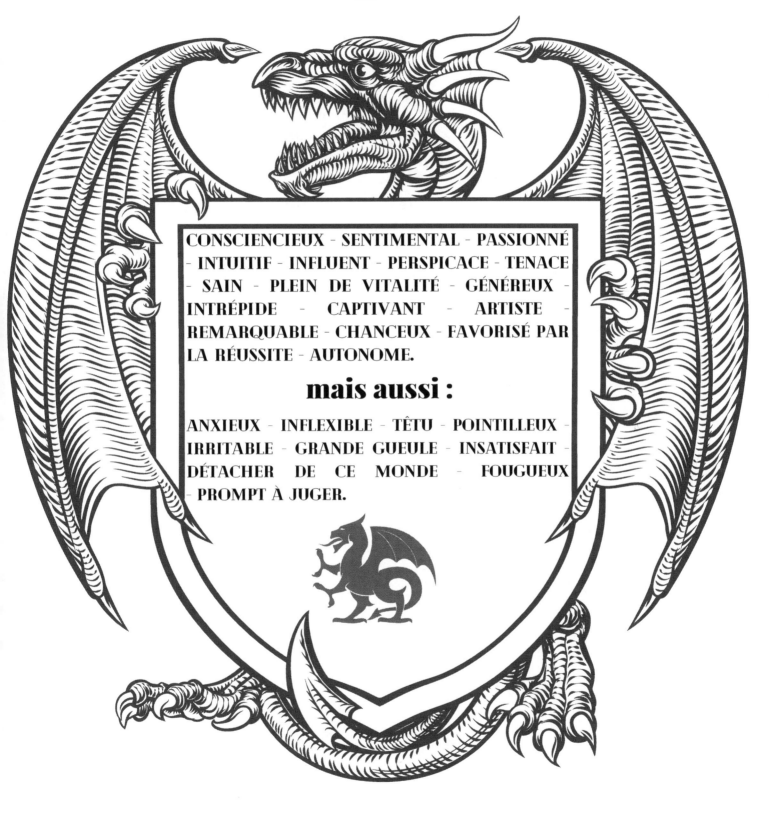

CONSCIENCIEUX - SENTIMENTAL - PASSIONNÉ - INTUITIF - INFLUENT - PERSPICACE - TENACE - SAIN - PLEIN DE VITALITÉ - GÉNÉREUX - INTRÉPIDE - CAPTIVANT - ARTISTE - REMARQUABLE - CHANCEUX - FAVORISÉ PAR LA RÉUSSITE - AUTONOME.

## mais aussi :

ANXIEUX - INFLEXIBLE - TÊTU - POINTILLEUX - IRRITABLE - GRANDE GUEULE - INSATISFAIT - DÉTACHER DE CE MONDE - FOUGUEUX - PROMPT À JUGER.

# Histoire de l'astrologie chinoise

Il était une fois l'Empereur de Jade, dans son palais céleste, qui présidait une audience auprès de ses divinités. Lors d'un conseil, il eut l'idée d'organiser une course des animaux de la Terre, afin de permettre aux humains d'y voir un petit peu plus clair dans leur année de naissance et de leur avenir. Il dit alors à son fidèle compagnon, Casque d'Or, d'organiser, pour le lendemain matin, une course de tous les animaux ici-bas, en précisant : « les dix premiers à se présenter devant moi au soleil levant, seront chéris et aimés de l'Homme ». Casque d'Or s'exécuta ; il dit au Dragon, le seul animal vivant sur Terre et dans les cieux de prévenir l'ensemble des animaux, à l'exception des humains, bien entendu.

Les animaux, continuellement chassés par l'homme, virent dans cette course, une possibilité unique de vivre en paix avec eux. Le palais de l'Empereur de Jade était pour celui qui ne le connaissait pas un véritable labyrinthe, rempli de couloirs, de chambres, de pièce plus ou moins utiles, et ce, à perte de vue. À cette époque, les dinosaures vivaient encore sur Terre. Leur chef, très puissant et autoritaire, les réunit tous et leur dit de le suivre partout où il irait. Malheureusement, il prit l'un des couloirs qui ne mènent nulle part, et à ce jour, tous cherchent encore la sortie. C'est pour cette raison qu'ils ont disparu de la surface de la Terre.

Dans la nuit, tout ce qui était vivant sur Terre monta dans le palais grâce à la compagnie DragonAirLine, qui, pour l'occasion, avait fait des tarifs des plus attirants. Le soleil, au palais des cieux, fit son apparition à 5 heures précises du matin. L'Empereur de Jade, dans son plus bel habit, attendit avec impatience le premier des animaux qui rentrerait dans la pièce qu'il avait choisie exprès pour son fauteuil royal des plus agréable.

À 5 heures précises, le rat, le plus malin des animaux, rentra se prosterner devant l'Empereur ; il fut donc déclaré premier. I attendait depuis plus d'une heure devant la porte que le soleil se lève. Pour accomplir cet exploit, il avait retenu l'odeur de l'Empereur de Jade imprégnée sur la peau du dragon, sor messager.

Le bœuf arriva un peu plus tard avec sa démarche nonchalante étonné d'être devant le plus grand des monarques. Il se prosterna et fut déclaré deuxième. Le Bœuf n'avait pas très bien compris cette course ; ses congénères lui avaient parlé de nourriture abondante s'il montait au palais. Par chance, l'endroit choisi par l'Empereur de Jade avait pour sol la plus belle des herbes grasses dont le bœuf raffolait.

Bien plus tard, le tigre entra dans la pièce magique. Il avait du sang tout autour de sa gueule, du Quagga, mi-zèbre, mi-cheval disparu maintenant de la surface de la Terre, qui avait failli rentrer avant lui. Il fut déclaré troisième par l'Empereur de Jade ce que nota scrupuleusement Casque d'Or.

Puis, se présenta devant l'Empereur le lapin par petits bonds successifs. Il avait suivi le bœuf de loin, mais quand il vit le tigre, il se cacha, ayant peur d'être dévoré, avant de rentrer dans la pièce royale. Ravi de voir le lapin devant lui l'Empereur de Jade s'écria : « Ah, bien, c'est le lapin le quatrième ».

En cinquième position arriva le Dragon. Bien entendu, le messager du roi n'avait pas pu participer à la course, connaissant trop bien le palais. Il fut décidé à choisir un jeune et talentueux Dragon qui ne vivait que sur Terre en cette période. Il aurait dû normalement arriver premier avec toutes les indications du Messager, mais il se perdit, comme bien d'autres des animaux, dans les méandres de ces lieux. Quand enfin, le Dragon Messager vit arriver son compatriote, il ne put s'empêcher de s'écrier : « Ce n'est pas trop tôt ! Tu n'as jamais appris à lire une carte, toi ? » L'Empereur de Jade et Casque D'Or comprirent tout de suite que les Dragons avaient triché lors de cette course. Pour punition, l'Empereur de Jade, dans sa grande bénédiction, obligea l'ensemble des Dragons à vivre dans les cieux, ils n'allaient jamais plus pouvoir descendre sur Terre. Les humains n'ont gardé d'eux que des souvenirs anciens de ce temps où les Dragons vivaient avec eux sur des représentations et des dessins naturalistes.

Le serpent s'est faufilé entre les animaux, en en mordant de temps à autre certains d'entre eux, surtout les plus rapides, afin d'être sûr de ne pas perdre. Il put découvrir assez facilement la pièce où se situait l'Empereur de Jade. En effet, chaque salle du palais regorgeait de plaisir divers et de nourriture variée adaptée à l'ensemble des animaux sur Terre. Le serpent, lui qui disposait de sang-froid, n'aspirait qu'à vivre caché. Il fut donc déclaré sixième quand il entra dans la pièce des victoires.

Le cheval, déjà à cette époque, avait l'habitude de vivre sur Terre avec les hommes et les Dragons et connaissait donc toutes leurs turpitudes. Il ne lui fallut pas trop de temps pour retrouver la pièce cachée où s'est installé l'Empereur de Jade. Il eut plus tard, auprès de ses condisciples, un peu de mal à avouer qu'il était arrivé septième, parce qu'il avait perdu un peu de temps dans la pièce remplie de pommes et de carottes, comme il les adore.

Elle a été envoyée par les moutons, pour les représenter lors de cette course ; une brebis jeune et très débrouillarde. Elle leur avait juste caché qu'elle venait de mettre au monde un agneau quelques jours avant. La matinée était bien entamée, quand enfin elle trouva l'endroit où s'était installé l'Empereur, elle avait tellement besoin de mains expertes pour la libérer du lait contenu dans ses mamelles, qu'elle avait, par mimétisme, trouvé l'endroit où elle allait enfin être libérée, elle fut donc déclarée huitième.

Le singe était si curieux, que lorsqu'il trouva la pièce qu'il cherchait depuis des heures, il en avait déjà visité des centaines. Pour être sûr de ne pas être perturbé par la nourriture, il se mit dans le nez du coton, ce qui lui permit d'arriver neuvième. Il fut tellement content qu'il ne put s'empêcher de sauter au cou de l'Empereur de Jade, qui eut bien du mal à se libérer de son étreinte sans l'intervention de Casque d'Or.

Le coq, avait mangé les graines laissées au sol par le lapin, exactement comme le Petit Poucet. En effet, le mammifère sautant à quatre pattes était rentré dans une pièce remplie de leur nourriture préférée. Le lapin n'ayant pu s'empêcher de faire un stock plus grand que lui, a semé sur son passage sa récolte ; ce qui a permis, par le plus grand des hasards, au coq d'arriver dixième, alors qu'il avait complètement oublié la raison pour laquelle il était dans ce palais à peine l'eut-il pénétré.

L'Empereur de Jade, ayant réuni auprès de lui les dix animaux qui allaient permettre aux humains d'imaginer les puissances en présence lors de leur naissance, et de se représenter leur avenir, clama haut et fort : « Bien, bien, maintenant que vous êtes tous réunis auprès de moi, mâchons ensemble ce bon repas. » Casque d'Or qui était un peu sourd, mais qui avait la lourde tâche de noter tous les animaux dans le livre magique, comprit « chien » au lieu de « bien » et « cochon » au lieu de « mâchons ». C'est ainsi qu'au lieu des 10 animaux on en dénombre bien 12 dans l'astrologie chinoise.

Printed in France by Amazon
Brétigny-sur-Orge, FR

17223938R00058